AF266045

Alexandre Gariel

LETTRES D'UN CAMPAGNARD

A SON COUSIN

DE PARIS

Traduction et Reproduction interdites.

DRAGUIGNAN

IMPRIMERIE R.-B. GIMBERT, PLACE DU ROSAIRE, 4.

—

1874

LETTRES D'UN CAMPAGNARD

A SON COUSIN DE PARIS

PREMIÈRE LETTRE

LA FRANCE DÉMOCRATIQUE

Cher Cousin,

Tu m'écris donc, que le parti des nobles ducs reste consterné de la tournure invariable des élections, qui se font au profit de la République depuis trois ans. Les grands monarchistes du théâtre de Louis XIV, semblent surtout déconcertés du revirement qui s'est produit dans l'esprit des campagnes, dont les suffrages sont acquis sans retour aux candidats républicains. Dernière étape d'affranchis, qui explique pourquoi nous ne sommes plus en odeur de sainteté auprès du monde royal et clérical, qui naguères encore nous rassasiait d'encens et de compliments.

On vantait alors notre bon sens et notre intelligence, alliés à notre amour du travail. On nous comblait de tendresse et d'amitié. Les cultivateurs étaient tous de petits saints ; les jardiniers fleuristes étaient des anges, et les vignerons des archanges. Quant à vous, charrons et forgerons, bûcherons et charbonniers, vous étiez les divins cyclopes descendus de l'Olympe sous la direction de Vulcain, pour combattre les titans de la démagogie. On chantait partout nos louanges dans les feuilles monarchiques, dans les manoirs et dans les sacristies, pendant que les dames des environs venaient dans nos basse-cours, embrasser quelque petit pâtre tout parfumé d'onguent, et offrir à nos bambins des amandes sucrées avec des biscotins.

C'est qu'alors, on croyait nous tenir à jamais par l'ignorance et par la main du clergé! — Mais ce beau temps d'éloges ironiques ne reviendra plus. Depuis que nous donnons notre bulletin aux candidatures populaires, nous avons perdu tout notre crédit, en même temps que nos bonnes qualités, aux yeux de nos anciens maîtres; nous ne sommes plus que des anarchistes, des socialistes, des utopistes, des ennemis de toute société. Ainsi l'ont jugé les plumes royalistes, dont on connaît la courtoisie, et l'austère impartialité.

* *
*

On a dit que les élections du 8 février 1871, qui donnèrent une si forte majorité à messieurs les ducs, avaient été une surprise; hypothèse qui n'a rien d'extravagant, à la suite du vertige et de la défaillance dont nous semblions paralysés après la terrible invasion du territoire, après nos désastres mystérieux qui nous faisaient présager de plus grandes trahisons et de plus grands malheurs.

Cependant, le peuple avait une pensée dans les élections, une grande pensée, dont l'éclosion spontanée se fit dans les esprits en dehors de tout concert, de toute réunion, et de toute discussion. Le peuple inspiré par l'intérêt supérieur de l'Etat qui allait sombrer dans cette horrible tempête, se dit dans son for intérieur :

Les douleurs nationales nous sont communes, entre peuple et grands seigneurs. Nous souffrons ensemble des tourments du pays; embrassons-nous sur l'autel funèbre de la patrie!

Voilà pourquoi les campagnes ont envoyé d'anciens monarchistes à l'Assemblée nationale, siéger avec les hommes que la démocratie urbaine devait élire pour ses représentants.

Avez-vous compris, messieurs les ducs, la portée de notre sacrifice et de notre patriotisme? — Malheureusement, non!... Vous avez fait les sourds et les aveugles. Devant l'abnégation du peuple, nos petits patriciens sont restés des manœuvres de parti; sur notre confiance naïve, ces politiques à courte vue, n'ont songé qu'à rétablir le pouvoir ducal et clérical dans son antique splendeur, ruminant le retour de l'ancien régime, le retour du prince absolu, le retour du drapeau blanc.

Si vous aviez voulu comprendre le scrutin du 8 février montant du gouffre de nos catastrophes, un âge nouveau pouvait en sortir pour la France, un miracle de régénération par le malheur qui purifie, un miracle d'harmonie et de prospérité par la justice qui calme et fructifie.

Mais vous n'avez pas voulu entendre le souffle du peuple; et en refusant de vous convertir à son invocation, vous avez justifié encore une fois, cette parole de Jésus-Christ : Qu'il est plus difficile à un riche d'entrer dans le royaume des cieux, qu'à un bœuf de passer par le trou d'une aiguille.

Les nobles ducs n'ont pas répondu à notre appel patriotique. En recueillant le mandat national, on n'a pas recueilli la grande pensée de salut qui l'a dicté; on a pris notre bulletin, et on n'a pas pris en main nos intérêts légitimes.

Au contraire; pour faire le compte des dix milliards que la guerre coûte à la France, on a chargé et surchargé tous les impôts qui pèsent spécialement sur le peuple; on a augmenté les patentes qui frappent le travail; on a augmenté les taxes de consommation qui ne sont que des taxes de capitation indirecte.

Ainsi se trouvent lésés nos intérêts pécuniaires et nos intérêts d'ordre moral.

*
* *

Maintenant, cher cousin, comprendras-tu pourquoi les habitants des campagnes votèrent pour la liste des ducs et des marquis le 8 février 1871 ; pourquoi les mêmes campagnes donnent aujourd'hui toute leur confiance à la République et aux républicains ?

Nous nous attendions à des réformes sociales, et on aggrave la condition sociale des populations, des petits propriétaires, des petits commerçants, des petits fabricants, des petits rentiers, de tous ceux qui travaillent pour vivre, en rognant davantage nos petits revenus et le fruit de notre labeur, par l'impôt de consommation.

Que de réformes nouvelles on avait cependant à opérer pour constituer un bon gouvernement ! Que d'abus à supprimer, que d'articles à rayer du Code formidable de notre législation !

Quel profit n'y aurait-il pas pour nous, à faire en détail l'examen et l'estimation de nos richesses en ce genre, accumulées depuis 80 ans par tous les gouvernements qui ont passé sur la France.

Ne va pas croire cependant, cher cousin, que je veuille remuer devant toi tout notre arsenal d'institutions vicieuses; ce serait trop lourd et trop long. Je désire néanmoins appeler tes regards sur deux points qui feront comprendre tout l'esprit de notre constitution sociale si grosse d'excroissances et de difformités; deux points qui te concernent un peu, comme moi, puisque tu es propriétaire d'un troupeau, et patentable à merci.

Ma prochaine lettre te dira ce qu'on trouve de charmant dans le Code forestier; la suivante fera voir ce qu'il y a de joli dans la loi des patentes. Nous en parlerons succinctement, sobrement; n'en prenant même qu'une pincée, comme une prise de tabac; quantité suffisante pour en faire apprécier les profondes vertus.

Deuxième Lettre

FORÊTS

Cher Cousin,

Tout ce que nous savons de notre état social sous l'ancienne monarchie, démontre que les terrains forestiers étaient restés dans le chapitre du domaine public, domaine communal ou national, même après que les seigneurs furent devenus propriétaires des terres et des châteaux de leurs fiefs, dont ils n'avaient que l'usufruit sous les deux premières races, jusqu'à Charles-le-Chauve, petit-fils de Charlemagne.

Dans ces vieux temps, les bois qui couvraient les trois quarts du territoire des Gaules, ne donnant aucun bénéfice lucratif, n'avaient de valeur que pour les habitants des environs, qui en usaient à leur guise et à discrétion. Manants et seigneurs, nobles et roturiers, y avaient les mêmes droits. Tous y prenaient ce qui était utile à leurs ménages domestiques : pâturages, glandée, feuilles mortes, affouage et charbons de forge, minerais, marbres et bois de construction. Le bois était la grande ressource et le refuge des pauvres gens. Chacun puisait dans la forêt comme on puisait de l'eau à la source voisine, comme on jouissait de la lune et du soleil.

Le puissant seigneur n'y avait rien de plus que ses pauvres paroissiens. Le droit de chasse réservé au baron féodal, ne provenait point du droit de propriété, mais du droit de conquête qui refusait au vaincu la faculté de porter les armes. Le baron chassait dans les bois, de même qu'il chassait sur les terres cultivées des particuliers, à l'exclusion du propriétaire lui-même.

Plus tard, quand le seigneur eût l'espoir de quelque profit dans les bois, en excédant de l'usage commun, alors naquirent les contestations et les tracasseries contre les populations qui jouissaient de leurs propriétés.

Nous avons vu des transactions du XIVe et du XVe siècles, passées sur procès ou après maintes disputes, dans lesquelles divers droits d'usage sont reconnus aux habitants ; transactions perfides, dans lesquelles le seigneur féodal s'insinue comme propriétaire, en ayant l'air de faire le généreux, et d'accorder gratuitement ce qui appartenait au donataire lui-même. Vieux parchemins sur lesquels on devait ultérieurement, établir des titres de propriété.

* * *

Mais il fallait en vérité, que les communes fussent déjà depuis longtemps bien tracassées, molestées et opprimées, pour que le pouvoir royal se crut enfin obligé d'intervenir en faveur des malheureuses contrées qui avaient à subir les injustices, les vexations et les arrogances de leurs châtelains.

Ce gouvernement royal qui paraît d'abord en sauveur, fut celui de Louis XIV, législateur souverain, qui n'avait ici qu'à sanctionner le droit public existant, contre les prétentions injustifiables des grands seigneurs. En effet, une ordonnance royale signée de Colbert, déclare les communes propriétaires des forêts contenues dans le périmètre de leur territoire. C'était grande justice, conforme au droit naturel, au droit social et au droit d'ancienne possession. C'est peut-être la seule bonne action qui soit sortie du règne de Louis XIV; mais une bonne action n'étant guères dans les inclinations du monarque de Versailles, bientôt après il s'en repentit.

Sur les réclamations des grands seigneurs de la cour, qu'il voulait s'attacher, le grand monarque des Gaules s'empressa de détruire son œuvre de justice, en décrétant que les communes n'avaient que des droits d'usage dans les produits forestiers.

Mais du moins, nos droits de jouissance étaient reconnus et conservés.

*
* *

Pourquoi faut-il maintenant être obligé de dire, que ces *droits d'usage* conservés par les temps barbares et par le moyen-âge, par le régime féodal et par Louis XIV, ont été interrompus sous des entraves prohibitives, par le Code forestier de 1827, régnant le ministre de Villèle avec son roi Charles X.

Un très grand nombre de communes ont été victimes du Code forestier; notre village, à sa part, a perdu tous ses droits dans cette forêt où nous allions ensemble, étant jeunes, prendre de la litière pour nos moutons, et des fagots de bois pour le foyer domestique. Toute dépaissance est interdite à nos bêtes à laine; aussi, sommes-nous descendus à 400 têtes de bétail sur les 2700 que nourrissait le terroir. Perte sèche pour l'agriculture et la consommation, 2300 brebis et autant d'agneaux, chaque année.

*
* *

La seule consolation qui nous reste sera d'avoir été rasés artistement. Les articles 72, 75, 119 et 120 renferment tous les empêchements de la loi, sans contester nos droits qui sont inscrits au contraire dans plusieurs chapitres avec un air de protection et d'intérêt qui pénètre jusqu'au fond du cœur.

Cette noble législation semble, en vérité, faire tout son possible pour assurer, maintenir et conserver notre propriété légitime; mais en réalité, peut-être sans le vouloir, elle impose, à l'exercice de notre jouissance, des conditions et des formalités qu'il est radicalement impossible de remplir et d'exécuter.

L'article 72, qui est applicable à tous les bois soumis au régime forestier, ordonne que les communes usagères nommeront un ou plusieurs pâtres, sous la direction desquels tous les troupeaux du lieu seront conduits ensemble dans les pâturages forestiers; il ajoute qu'aucun habitant ne pourra faire paître son troupeau à garde séparée, sous peine d'une amende de 3 francs par tête.

En outre, les articles 71 et 119 disent que les chemins par lesquels les bestiaux devront passer pour entrer en forêt ou en revenir, seront désignés par le propriétaire, et par l'agence forestière en ce qui concerne les bois de l'Etat et des communes.

Voyez donc quelle amitié tendre pour nos innocents mérinos! Heureux troupeau, les magistrats de la commune nommeront vos bergers, qui seront signifiés par exploit, et nantis d'un diplôme de bachelier municipal! — Du temps de Virgile, les bois de haute futaie furent dignes d'un consul; mais nos taillis, moins orgueilleux, devront se croire très honorés de passer par la manche d'un maire et d'un huissier.

Après quoi, le propriétaire sylvain désignera un chemin de deux heures de circuit pour aller au pacage, et deux heures pour en revenir, total quatre heures de marche dans la journée pour faire une bonne digestion à ces pauvres ruminants.

Le soir venu, à huit heures de la nuit en hiver, au milieu des glaces, de la pluie et du grésil, on devra procéder, avec des lanternes, au triage de deux mille têtes de bétail en quinze ou vingt lots pour les quinze ou vingt propriétaires de l'endroit; opération qui ne durera que quatre heures, si on la termine avant minuit.

Si c'est pendant l'été, le triage aura lieu entre six heures du matin et midi, sous les rayons brûlants du soleil.

Je parie, mon cousin, que si on trouve des bergers qui veuillent consentir à ce manége journalier pendant trois mois, tous les troupeaux seront morts de faim et de soif, ou des fatigues et du typhus.

*
* *

Notre pauvre bétail ne trouverait point son salut dans l'article 75 qui prescrit une clochette au cou de tous les animaux paissant dans les terres forestières. Règle simplement baroque, dont la pratique rendrait le troupeau ingouvernable aux meilleurs bergers; vérité hors ligne et sans débat. D'ailleurs Il ferait beau voir et entendre 2000 bêtes avec ou sans cornes, réunies dans le même quartier, faisant sonner 2000 clochettes en broutant les genêts et les buissons. Quel beau tapage, et quel charivari aux lièvres et aux lapins, aux hiboux, fauvettes, mésanges et grives des bois! Quelle cruauté envers ces pauvres bêtes que Charles X aimait tant. Heureusement pour les hibous et les rossignols, cet article 75 est si puéril et si absurde dans sa malice, que jamais aucun de nos conservateurs d'hypothèques forestières n'a osé le mettre en vigueur dans nos contrées.

*
* *

On croira sans peine, que toutes ces conditions étant impraticables, n'ont jamais été pratiquées, et ne le seront jamais. Les autres droits d'usage ont subi le même sort sous les barrières imposées au service de l'usufruit.

Nous nous trouvons ainsi désarçonnés sans pitié par nos rois chéris. Louis XIV nous enlève la propriété du fonds; Charles X nous prive de la jouissance qui nous restait.

Néanmoins nos droits n'étant que suspendus par des conditions de fantaisie, la révision de la loi pourra toujours nous faire rentrer dans la pratique ordinaire de nos anciennes facultés.

*
* *

Veut-on connaître à fond, toute l'économie et tout l'esprit du Code forestier, toute l'aberration et toute l'incurie de ses auteurs? — Qu'on lise l'article 110, qui pose en principe, l'interdiction absolue de tout pâturage dans les forêts en général, même dans les bois qui appartiennent aux communes en pleine propriété, sauf à obtenir une autorisation spéciale du roi *dans certaines localités.*

L'article 78 prononce la même prohibition du pacage dans les forêts de l'Etat, nonobstant tous titres et droits de possession contraires, en réservant une indemnité pécuniaire aux usagers si brutalement expulsés, en réservant aussi l'autorisation spéciale du roi *dans certaines localités.*

Le tout sanctionné par d'énormes pénalités.

Quelle étrange lubie s'était donc emparée des hommes du gouvernement? Quelle aberration inqualifiable dans cet acharnement à conserver tant d'herbages improductifs, tant de glandages et de pâturages perdus? A moins de réserver tous ces produits forestiers à l'engraissement des chevreuils, des cerfs, des paons et des sangliers destinés aux chasses de la cour; heureuses bêtes, qui attendent avec tant de plaisir le coup mortel, venant de la main d'un roi ou d'un prince du sang.

Mais puisque vous vous vantez d'être les chevaliers servants et les héritiers de l'ancien régime, pourquoi ne prenez-vous dans le carquois de vos amours, que les mauvais exemples? Pourquoi n'y puisez-vous pas les bonnes traditions qui s'y trouvent par hasard?

Ignorez-vous les paroles de Sully, ministre d'Henri IV, disant : Que le labourage et le pâturage sont les deux mamelles de l'Etat?

Et voici le roi Charles X, descendant d'Henri IV, qui ferme cette mamelle féconde du pâturage, sans comprendre qu'il porte préjudice à son propre trésor, en tarissant une source de richesses pour les populations, et une source de fortune pour la nation.

Pauvre roi, pauvre ministre ! Quelle pauvre mémoire sera votre partage dans les quatre pages d'histoire qui seront employées à mentionner votre règne infortuné !

*
* *

Qu'on s'étonne après celle-là et tant d'autres, que les campagnards se soient tournés du côté de la démocratie. Les campagnes espèrent qu'un jour, la République durant, le susdit Code forestier sera réformé dans le but de rendre aux communes, la jouissance sans entraves, des droits de pâturage et de tous les droits d'usage qu'avait respectés la monarchie de Charlemagne, de Saint-Louis et d'Henri IV.

C'est le vœu que nous exprimons au nom des populations rurales, qui n'ont aucune intention de révolte contre les lois, mais qui attendent avec une forte impatience, le jour des réparations légitimes.

C'est la République reconquise, qui réparera le mal que nous a fait la monarchie.

Troisième Lettre

PATENTES

Cher Cousin,

Un autre phénomène à signaler ! Un phénomène de grande qualité dans une petite quantité. Phénomène royal, impérial, municipal et préfectoral, manipulé par le contrôleur en titre, et visé par toutes les autorités compétentes du département.

Il ne s'agit cependant ni d'un agneau à deux têtes, ni d'une vache qui aurait fait cinq petits, ni de l'apparition miraculeuse de la Sainte-Vierge sur les branches d'un olivier.

C'est beaucoup mieux, et plus instructif, puisqu'il s'agit d'un phénomène légal et officiel, digne pendant du Code forestier, digne aussi de l'immortalité ; et qui ferait un beau chapitre ajouté à l'*Esprit des lois*, si Montesquieu sortait de son tombeau.

Tu sauras donc, qu'il y a dans la banlieue de Toulon, un berger nommé Donadey, possesseur d'un troupeau de sept chèvres, qu'on peut estimer loyalement, à 20 francs par tête ; ensemble, un petit capital de 140 francs.

A quel chiffre, penses-tu que soit portée la patente de ce pauvre diable de berger? — Rien qu'à 70 fr. 59 cent. Je dis 70 francs 59 centimes, timbre en sus. De manière qu'en deux ans, l'impôt emporte tout le capital. Ce qui prouve que les employés des finances doivent écrire avec une plume de fer; mais il nous semble que malgré la plume de fer dont il écrit ses additions, multiplications et soustractions habituelles, le fisc devrait mettre plus de retenue et de ménagement à bénéficier d'une clientelle qui tombe forcément dans le ressort de son tribunal.

Un impôt prenant la moitié des chèvres, la moitié de la matière imposée, c'est fort joli! C'est juste comme si sur ta terre de trente mille francs, on te faisait payer quinze mille francs de contribution annuelle; qu'en dirais-tu?

Que dirait M. le Directeur des contributions directes du département du Var, si on lui faisait payer un impôt de cinq mille francs sur le mobilier de dix mille francs, dans lequel il se prélasse en signant les patentes exorbitantes des pauvres gens qui vivent à la sueur de leur front?

*
* *

Ne faites point aux autres, ce que vous ne voudriez pas qu'on vous fît.

* * *

Je te vois d'ici, cher cousin, lisant ma lettre en riant et criant à la plaisanterie. Mais lis donc le document authentique transcrit ci-après, et tu verras si c'est une plaisanterie et une calomnie.

LE CONSEIL DE PRÉFECTURE

DU DÉPARTEMENT DU VAR.

Vu la demande présentée le 10 mai 1870, par le sieur Donadey André, berger, à l'effet d'obtenir réduction de la contribution des patentes à laquelle il est imposé pour l'année 1870, au rôle de la commune de Toulon, par la raison que sa patente est trop élevée pour un troupeau de sept chèvres.

Vu l'avis du Maire et des répartiteurs.

Vu l'avis du Contrôleur, le rapport du Directeur des contributions directes.

Vu la loi du 28 pluviose au 8, et le décret du 12 juillet 1865.

Vu la loi du 25 avril 1844.

Ouï M. Gariel, conseiller, en son rapport.

Ouï M. le Commissaire du gouvernement en ses conclusions.

Considérant qu'il résulte de l'instruction, que le sieur Donadey est imposé comme *nourrisseur de chèvres,* et que son troupeau est composé de sept chèvres seulement.

Attendu que les nourrisseurs de chèvres et de vaches, sont portés à la 6me classe, tableau A, de la loi du 25 avril 1844, et que le réclamant serait imposé légalement à la somme de 70 fr. 59 c., s'il devait être maintenu dans la qualité que la régie lui attribue.

Attendu qu'en imposant une pareille taxe pour un troupeau dont la valeur réelle atteint à peine 140 francs de capital, la loi serait souverainement injuste.

Considérant qu'un tel effet ne peut avoir été dans l'esprit du législateur.

Attendu, par conséquent, que le réclamant ne saurait être considéré comme nourrisseur de chèvres dans le sens de la loi.

Arrête

Le sieur Donadey est complètement déchargé des droits de patente pour l'année 1870.

Signés : Gariel, Élisi de St-Albert et Dastier.

*
*   *

Nous ignorons si la Direction des finances s'est pourvue en Conseil d'État contre la décision du Conseil de Préfecture. Nous ignorons le traitement qui a été fait pour les années suivantes à ce pauvre berger. Mais nous aimons à croire qu'on aura reculé devant la grandeur de l'injustice.

D'ailleurs, c'est la loi elle-même qui est mauvaise; c'est la loi des patentes qui doit être révisée ou abrogée. C'est cette législation, royale par son origine et son baptême, impériale par le sacrement de confirmation, qu'il faut modifier dans notre régime fiscal.

En attendant, travaillez, petit berger, à vous faire un petit troupeau; travaillez, petit peuple, à économiser un petit capital, pour que le fisc vous l'emporte en deux coups de plume. Après quoi, il vous sera loisible d'aller mendier votre pain, au nom du roi et au nom de l'empereur.

Quatrième Lettre

BAZAINE

Cher Cousin,

Quelle amertume dans les âmes, viennent de raviver les échos frémissants de Trianon!...

Il nous était réservé de boire jusqu'au fond ce calice de fiel dont le poison a déchiré nos entrailles, les entrailles de la patrie. La France a tressailli d'indignation devant ces débats lugubres dont le souvenir vivra jusqu'aux dernières générations, qui maudiront encore d'un implacable ressentiment les auteurs parricides de nos dévastations et de nos souffrances : Bazaine! Napoléon!

Napoléon et Bazaine, qui seront ensemble pétrifiés à travers les siècles, dans les sombres légendes de tous les mauvais génies de l'Orient et de l'Occident.

Bazaine a vendu son armée! Bazaine a vendu notre grande place du nord, cet amas formidable de fortifications, que les armes n'ont jamais pu conquérir contre ses vaillants défenseurs !

C'était le cri impuissant qui retentissait dans tous les cœurs, pendant cet hiver fatal qui a vu s'accomplir nos humiliations et nos désastres.

Après la sentence qui condamne Bazaine à la peine capitale, nos désespoirs et nos tourments sont ranimés : Bazaine a vendu la france ! Bazaine a vendu la patrie !

** * **

O Judas ! ô Caïn ! figures légendaires des siècles écoulés, symboles de toutes les puissances infernales, remontez de l'abyme des morts, vous qui êtes toujours vivants ! Venez rajeunir votre front sur les monuments de notre histoire, en donnant la main au plus fameux descendant de votre postérité !

Bazaine l'emporte sur vous par l'étendue et la magnificence de ses œuvres ; mais les noms de Judas et de Caïn sont des types séculaires, des images caractéristiques, marqués du sceau de l'immortalité. Caïn et Judas, vous êtes dignes de Bazaine.

Et toi, Bazaine, ne crains point d'être humilié devant ces grandes mémoires ; tu peux te montrer fier en leur présence. Tu es plus grand que Judas, plus grand que Caïn, qui t'accueilleront dans leur

sanctuaire avec honneur et vénération. Ta supériorité les a éblouis, subjugués, soumis à ton empire.

Judas te reconnaît pour son maître ; et Caïn, en
esprit de déférence, t'offrira la première décoration
de son royaume. Entre le trône de Caïn et le trône
de Judas, on a gardé une place vide, que nulle créa-
ture humaine n'avait encore méritée ; c'est la place
d'un trône d'or qui était réservé à Bazaine.

A vous trois, vous serez la trinité réelle, la trinité
vivante, répondant à la trinité mythologique des
enfers. Caïn sera frère Lucifer, Judas frère Beelzé-
buth, et Bazaine sera le père Satan.

Pourquoi ne serais-tu pas le chef, le président de
cette trinité monstrueuse et illustre ?

Judas !.. Bazaine !.. Caïn !

*
* *

Judas n'a médité son crime que pendant huit
jours d'hésitation et de mystère.

Toi Bazaine, tu as mûri la trahison pendant trois
mois, sans broncher dans cette longue perpétration
d'abominables forfaits.

Judas, après s'être un peu raffermi dans son esprit
troublé, s'en alla tout simplement et sans détour,
trouver le Grand-Prêtre de Jérusalem, pour traiter
du prix et des conditions.

Toi, Bazaine, tu es allé secrètement dans le camp prussien ; tu as reçu et envoyé des ambassadeurs, et tu as préparé des apparences de justification, dans l'espoir de cacher ou de pallier ta grande félonie.

Judas reçut trente deniers d'argent, en disant merci au pape des Juifs.

Et toi, Bazaine, combien ? Rien peut-être, si les Prussiens ont voulu conspuer un monstre d'infamie, à l'heure où il ne pouvait plus ni avancer ni reculer.

Son œuvre accomplie, Judas eût un remords, rendit l'argent et se pendit.

Toi, Bazaine, tu restes bien vivant, et ton âme reste sans remords, pour prouver que ta conscience brûlée par la pierre infernale, n'existe plus.

Judas n'a trahi que Jésus-Christ.

Et Caïn n'a tué que son frère Abel.

Toi, Bazaine, tu as trahi et vendu cent cinquante mille compagnons d'armes, fils de France, confiés à ton commandement. Douze mille sont morts de misère dans les cachots prussiens ; et douze mille étaient morts sous Metz, dans des combats simulés, pour masquer ton crime inexpiable et inouï dans les fastes de l'univers.

Toi, Bazaine, tu as trahi et livré une place forte inexpugnable, sans qu'on eût tiré un coup de canon sur ses ramparts et sur ses forts.

Toi, Bazaine, tu as trahi et livré toute la France, 40 millions d'âmes. Tu seras quarante millions de fois Caïn, et quarante millions de fois Judas.

* *
* *

Bazaine ton nom sera immortel.

Les armées en campagne et au bivouac parleront de Bazaine.

Les moissonneurs réunis parleront de Bazaine.

Les pâtres des nuits obscures parleront de Bazaine.

Dans les veillées lugubres, on parlera de Bazaine. Les bonnes femmes des campagnes et les enfants risqueront même d'estropier ton nom, d'estropier ta gloire et tes exploits, dans des contes de sortilèges fantastiques. On dira peut-être que du château où tu étais retranché, et où se jouait, entre Faust et Méphistophélès, le sort de la Lorraine et de la France, tu allais la nuit parcourir les champs de bataille pour mordre les cadavres et boire le sang des blessés.

Quand tu seras mort, on dira que tu es encore vivant, retiré avec Bismark et le prince Frédéric Charles dans une caverne de la forêt noire, calculant siècle par siècle, les intérêts cumulés des milliards enlevés à la France.

Ta mémoire, comme celle du Juif-Errant, sera mélangée à toutes nos histoires fantasmagoriques d'ogres noirs, de vampires et de loups-garous, qui sortent à minuit des grottes solitaires pour fouiller les ruines et les tombeaux.

Tu feras peur !

Et toi aussi, tu auras peur de tout le monde.

Quand tu verras de loin, des lèvres ouvertes ou muettes, tu croiras toujours entendre des paroles d'imprécation sur le nom de Bazaine. Les yeux des hommes seront des dards, et les yeux des femmes seront des flèches. Au nom des mères, au nom des sœurs et des orphelins, tu seras maudit. Maudit en Lorraine, maudit en Alsace, maudit par tous les peuples.

*
* *

Dans ton réduit le plus obscur, les ombres de tes soldats sacrifiés, te suivront et siffleront à tes oreilles. Quand la foudre éclatera dans les nuages, les roulements du tonnerre gronderont, à défaut de remords, dans ton âme pétrie de boue et de cendres volcaniques. Le bruissement même d'un insecte, bourdonnant au crépuscule du soir, te rendra livide et frissonnant.

Dans les nuits étincelantes, en vain tu porteras tes regards suppliants et mélancoliques dans l'azur du ciel ; les pâles rayons de l'étoile qui te regarde, pèseront d'un poids de cinq milliards de livres sur ton front maudit.

Pendant les heures sombres d'un lourd sommeil, tu verras souvent tes vieux régiments, tes escadrons et tes bataillons farouches, brandissant les armes sur ta poitrine décorée dans le mystère, de l'ordre impérial de Prusse. — Et si tu veux détourner la vue de ton supplice, tu trouveras plus loin une armée de cadavres enchaînés, traînés dans les neiges et dans les glaces de la Germanie.

Tu voudras fermer les yeux, brave maréchal Bazaine! Mais soudain, devant toi surgiront de nouvelles légions de spectres fulminants, qui se heurteront en désordre sur les murailles des forteresses vierges, sur les cathédrales, sur les tours, sur les donjons, sur les créneaux de Metz et de Strasbourg.

Et après cette tourmente de visions sinistres, tu n'auras pas fini tes nuits d'angoisse; ton esprit rongé se forgera sans cesse de nouvelles visions vengeresses. D'autres images et d'autres fantômes se suivront sous tes paupières brûlantes, en murmurant des noms d'anathème sur le grand Judas de tous les siècles!

Cinquième Lettre

LE GACHIS CONSERVATEUR

Cher Cousin,

Quel gâchis! ainsi que tu le dis fort justement dans ton épitre, en résumant la politique des monarchistes, qui depuis trois ans voudraient s'emparer de la République dans l'espoir de la renverser. Tout le monde le dit : quel gâchis! — Vieux gâchis, gâchis du matin, gâchis de coulisse, gâchis entre comparses et complices, gâchis permanent et croissant.

Gâchis dans les projets de constitution, et dans les projets de lois, qui se heurtent et se confondent mutuellement. Gâchis dans les groupes et dans les complots monarchiques, qui ne s'entendent que contre la République, sans pouvoir la remplacer.

Gâchis dans les trois ou quatre dynasties qui convoitent le trône; dont les partisans s'allient ou s'injurient réciproquement pour le futur couronnement de leur prince favori.

Quel gâchis! Quel assemblage hétérogène de factions et de factieux!

Dans les Bourbons, deux branches de prétendants. Dans les Napoléons, deux branches d'aspirants. Chaque branche avec ses familiers, ayant pour ennemis implacables, tous les autres concurrents ; légitimistes, bonapartistes, orléanistes, ultramontains, tous ensemble et en particulier, briguant le pouvoir suprême contre les ordres du peuple souverain.

Impérialistes, royalistes, cléricaux de toutes les couleurs, vous êtes dans le gâchis depuis trois ans, vous vivez dans le gâchis, et vous mourrez dans le gâchis, parce que vos ambitions ne sont que des convoitises, parce que vos compétitions n'ont en vue que des intérêts domestiques, sans souci des intérêts publics, que le parti républicain peut seul satisfaire, par la bonne raison qu'il ne peut trouver la victoire que dans l'intérêt public.

Malheureusement, votre gâchis s'est étendu dans tous les esprits, dans toute la France qui, en outre du gâchis intérieur, se demande avec inquiétude si nous allons faire une seconde guerre à la Prusse, en passant par l'Italie pour mettre le Pape encore une fois sur le trône d'Auguste César.

* *
*

Il ne tiendrait qu'à vous, cependant, de purger notre atmosphère de tous ces brouillards putrides qui serrent tous les cœurs, étouffant la végétation nationale qui ne demande qu'à refleurir sous la chaleur d'un nouveau printemps.

Il ne tient qu'à vous de mettre le bon ordre et l'harmonie là où règne la discorde des ambitions, des aspirations et des intérêts! — Consultez le pays sur votre gâchis. Que la nation prononce dans son arbitrage souverain, sur nos prétentions rivales ; et dut-il en sortir un empereur chinois, nous nous inclinerons devant le fils du ciel qui prétend, comme dans l'Occident, être seul de droit divin pour commander à toute la terre.

Retirez-vous donc, Messieurs, pour faire place à la volonté nationale qui est en souffrance.

Ainsi fit l'Assemblée constituante de 1848, sur l'injonction verbale des monarchistes, sur la parole du comte de Montalembert.

Si vous êtes en parfaite communion avec le pays, disait-il, vous serez réélus, et la nouvelle Assemblée fera ce que vous feriez vous-mêmes.

Si au contraire, vous êtes en désaccord avec le peuple; si vous ne représentez plus l'opinion publique, pourquoi restez-vous ici, pourquoi restez-vous les mandataires du peuple contre les volontés du peuple ?

Et la dite constituante s'en alla, vu son impopularité croissante, en outre de son impuissance et de son incapacité.

Sur cet exemple, sans faire ni jugement ni comparaison entre les deux chambres, on peut bien dire à celle de Versailles que le moment est venu pour elle, de voter sa dissolution pour son dernier et valable testament.

*
* *

Malheureusement, l'opinion de certains hommes varie avec le baromètre, suivant la pluie ou le soleil. Lorsque le suffrage universel était monarchique, on l'appelait à son secours comme la meilleure force et la meilleure garantie de l'ordre public. Mais le suffrage universel étant devenu républicain, on le trouve indigne de remplir son office de justice, d'ordre et de sécurité. On travaille, au contraire, à mutiler le suffrage universel.

Les monarchistes officieux pratiquent plus que jamais le double courant des variations atmosphériques, en poussant l'Assemblée nationale à supprimer les lois un peu libérales qu'elle fit au commencement de son pontificat.

Il y a trois ans on nous faisait une loi restituant à la commune le droit de nommer son premier magistrat, reconnaissant les droits municipaux et provinciaux, donnant surtout des espérances.

Aujourd'hui, on a fait une loi nouvelle retirant toutes les concessions, ordonnant la nomination du Maire par le Préfet, et ployant la commune aux ordres de l'autorité.

Dans la première époque, les organes royalistes faisaient retentir la cloche des libertés locales et de l'indépendance provinciale, au nom de l'ordre et au nom du roi qui allait venir, parce qu'on se croyait maître du peuple par le prêtre et par le garde-champêtre.

Maintenant, on ne parle plus que de rétablir le pouvoir central, avec l'autorité du Préfet pour gouverner la commune et le département.

Vive la décentralisation!
Vive les franchises locales !
Vive le suffrage universel!

Vive la centralisation !
Vive l'arbitraire royal !
Vive le suffrage restreint!

Vive le Maire nommé par la commune !
Vive le Maire nommé par le Préfet !
Vive le gâchis!

*
* *

Et ce sont les mêmes hommes, les mêmes partis, les mêmes écrivains de la presse, qui tiennent ce double langage, bien capable de faire tressaillir d'aise celui qui cherche un homme en plein midi, une lanterne à la main.

Centraliser ou décentraliser tour-à-tour; — proclamer la République, et travailler à l'œuvre de la monarchie; — invoquer le principe de la souveraineté nationale quand il peut servir, et briser ensuite le suffrage universel; — écrire sur son chapeau : *Tout pour le peuple et par le peuple*, puis retirer son enseigne fallacieuse, agir contre les intérêts du peuple, et l'écarter des affaires publiques; — promettre toutes les libertés, et les retirer toutes quand elles gênent; — dire bien haut qu'une Assemblée nationale est souveraine et sacrée, et le lendemain applaudir au coup d'Etat qui fait sauter par les fenêtres les mandataires d'une nation voisine, et cela suivant les nuances monarchiques ou républicaines qui s'y rencontrent en majorité; — voilà qui est charmant et bien fait pour convertir aux traditions chevaleresques de l'antique monarchie.

Tel est cependant l'emploi auquel se consument les derniers preux du Moyen-Age, ombres mortuaires des vieux paladins, mais fiers de leur supériorité morale sur les ancêtres qui ne pratiquaient ni les vertus doubles ni les vertus simples en deux cas et en deux genres.

O gâchis! noble gâchis! Gâchis en théorie, gâchis en action, honneur au gâchis!

*
* *

Il y a deux cents ans, du temps de Pascal et de Louis XIV, les Jésuites avaient inventé la tactique de la morale probable, disant qu'en présence de deux voies contraires, on pouvait suivre l'une ou l'autre, en toute sûreté de conscience, pourvu que l'intention de la fin fut réservée.

De nos jours, on a élargi l'atelier de l'intelligence, et on dit qu'il faut suivre les deux voies, l'une après l'autre, pour connaître le meilleur moyen d'aboutir à ses fins. On aura ainsi, par surcroît, la certitude d'avoir été dans l'erreur et dans la vérité, au moins une fois dans la vie.

Resterait, sur cette belle théorie, à nous signaler le premier chemin à parcourir de préférence, dans une louable intention de succès et de sanctification? Où serait le plus grand bien? Où serait le plus grand mal?

Devant cette question, les politiques d'ancien temps seraient sans doute embarrassés. Mais dans notre siècle de culture extensive, sans être jésuite, on répond que tous les chemins sont bons et méritoires, lorsqu'il s'agit d'atteindre au même but et de faire triompher le même parti.

Il y a trois ans, on croyait y parvenir en cultivant la liberté passive et obéissante. Aujourd'hui, on croit y arriver en reniant la liberté agissante, intelligente et réfléchie.

Il n'y a vraiment que les preux chevaliers avec les bons hommes du parti conservateur, pour se faire illusion sur la puissance et l'honneur de cette morale multiple, qu'ils s'imaginent devoir surpasser en force et en sagesse, la morale uniforme de Pascal et de Jésus-Christ.

*
* *

La France a commencé de juger votre morale en action et vos plans de stratégie, en repoussant dans les comices de soixante départements, les candidats présentés sous vos auspices; l'avenir vous répondra par un jugement plus sévère, et une plus sévère réprobation de votre gâchis patricien.

Puissiez-vous entre-temps, éclairés de la lumière de Saint-Paul, être pénétrés d'un rayon de la grâce, et faire votre première communion dans la grande Eglise où conduit le droit chemin de l'humanité !

SIXIÈME LETTRE

IMPUISSANCE DU DESPOTISME

CHER COUSIN,

Ni la lumière, ni l'expérience ne paraissent pouvoir éclairer les partis. Au contraire; l'expérience qui les frappe, les irrite; la lumière les éblouit et les aveugle.

En 1851, le parti conservateur s'était dit : les élections générales approchent, et probablement nous serons battus par les masses républicaines. Il faut donc recourir à un coup d'État, pour terrasser la démocratie qui serait victorieuse si nous restions dans le chemin pacifique du droit légal et national.

C'est pourquoi, le coup d'État bonapartiste fut accompli une nuit de décembre, pendant que le peuple dormait tranquille sur la foi de son droit et de sa justice.

Le succès des conspirateurs monarchistes fut éclatant. Toutes les lois furent violées; les représentants du peuple furent arrêtés dans les ténèbres, les populations enchaînées, incarcérées, transportées sans jugement; et la terreur régna sur la France brisée et terrassée.

Nous sommes vainqueurs, se disaient les conjurés dans le délire d'une victoire criminelle; nous sommes débarrassés, pour toujours, du peuple souverain.

*
* *

Le triomphe a duré vingt ans; une minute dans la vie des nations.

Mais pendant ces vingt ans, alors que vous croyiez l'esprit plébéien amorti et anéanti, le feu sacré couvait sous la cendre de votre incendie; et la nation devenait toute républicaine dans la vie du tombeau.

Votre coup d'Etat n'a donc servi de rien contre la démocratie, qui en est sortie plus robuste que jamais.

*
* *

La France, délivrée du joug intérieur, et du joug de l'étranger, a prouvé dans toutes ses manifestations électorales, l'esprit qui l'anime, l'esprit invincible de la liberté dans la justice.

C'est contre cet esprit national, qu'une aristocratie aveugle travaille a réagir encore une fois. La vanité de votre résistance ne vous est donc pas assez démontrée par les catastrophes brûlantes dont nous avons été les témoins et les héritiers :

L'aigle du 18 brumaire, après avoir dévoré son peuple, a succombé à Waterloo.

Le vautour du 2 décembre est tombé à Sédan, après avoir englouti nos armées et nos trésors dans ses guerres folles de Cochinchine et du Mexique.

Deux rois Bourbons sont morts et enterrés en exil.

Et, sur cette terre démocratisée jusqu'au bout des ongles, vous songez encore à restaurer un trône tant de fois démoli et foudroyé jusques dans ses fondements !

Risum teneatis amici !....

Et nous aussi, nous serions disposé à sourire, s'il n'y avait en jeu, le repos, la rénovation et la fortune de la France.

***

Mais si l'histoire contemporaine ne suffit pas à vous inspirer un jugement salutaire, remontez plus haut, et faites-vous lire l'histoire moderne par vos petits-enfants au sortir de l'école.

Vous y verrez que le massacre des Albigeois, qui

dura vingt-ans avec le concours de l'inquisition, n'empêcha point la réforme du 16ᵐᵉ siècle.

Vous y verrez, que le massacre de la Saint-Barthélémy n'a point empêché la constitution de la liberté des cultes sous Henri IV.

Vous y verrez, que les dragonnades de Louis XIV et la révocation de l'édit de Nantes, n'ont point empêché la philosophie de Rousseau et de Voltaire, d'envahir le monde, et de faire trébucher en même temps le trône et l'autel, dans le cours de la première révolution.

C'est au contraire, à force de barrages imprudents, qu'un fleuve paisible et fécond se transforme en torrent impétueux.

*
* *

Reconnaissez donc, que tous les succès de l'arbitraire et de l'iniquité ont été inutiles, et le seront encore davantage dans l'avenir.

Laissez enfin couler à leur niveau, les eaux fécondantes ; laissez couler l'esprit de progrès, et suivez le calme génie de la civilisation qui fécondera la terre sans la dévaster ni la déchirer.

Vos ingénieurs les plus habiles ne fonderont aucun édifice durable contre le peuple ou sans le peuple.

Nisi populus edificaverit domum, in vanum laboraverunt qui edificant eam.

Si le peuple ne construit lui-même sa maison, tous vos travaux seront stériles.

La nation entend se faire elle-même son édifice, la maison qui lui convient, où elle abritera tous ses enfants réconciliés, sous la protection d'un gouvernement de paix, d'équité et de liberté.

*   *   *

Vétérans de la démocratie, mes vieux compagnons et mes amis, réjouissez-vous !......

Nous pouvons maintenant descendre dans la tombe sans regret. Nous laisserons notre chère France imbue de nos doctrines, affirmant sa foi grandissante dans tous les scrutins; et nous aurons vu l'aurore de son salut, annonçant la gloire de ses martyrs.

FIN.

TABLE